Liebe Mädchen und Jungen!

Dieses Rechtschreibheft will euch helfen, eure Leistungen in der Rechtschreibung zu verbessern. Wenn ihr mit Ausdauer regelmäßig übt, lernt ihr, wie die Wörter richtig geschrieben werden. Einige Wörter werden besonders geübt. Das sind die Lernwörter. Das Üben dieser Lernwörter macht zwar Mühe und erfordert Anstrengung, doch wenn man Erfolg hat oder wenigstens kleine Fortschritte sieht, macht es Spaß.

Damit euch die Arbeit Freude macht, ist das Heft abwechslungsreich gestaltet. Ihr findet Rätsel und Reime, Spiele mit Wörtern und kleinen Texten. An bestimmten Lernwörtern könnt ihr die Regeln der Rechtschreibung lernen, wie zum Beispiel die Regel, dass sich nach einem kurzen Selbstlaut der Mitlaut verdoppelt: kra**bb**eln, das Pa**dd**el, tre**ff**en, der Ro**gg**en, der Ba**ll**, ko**mm**en, die So**nn**e, der He**rr**, der Bi**ss**, das Bla**tt** usw. Ebenso wird an den Lernwörtern die folgende Regel erarbeitet: „Nach l, n, r, das merke ja, steht nie tz und nie ck!“ Beispiel: der Wa**lz**er, der Ta**nz**, die Schü**rz**e, die Wo**lk**e, sche**nk**en, die Ha**rk**e usw.

Am Ende einer jeden Übung tragt ihr die Lernwörter in eine Tabelle ein. Hier könnt ihr auch eigene Lernwörter oder verwandte Wörter, die ihr selber gefunden habt, ergänzen. Außerdem könnt ihr euch eine eigene Lernwörterkartei aufbauen. In jedem Schuljahr kommen neue Lernwörter hinzu. So baut ihr euch selber einen Grundwortschatz auf, den ihr am Ende eurer Grundschulzeit sicher beherrscht.

Wichtig für euch ist, dass ihr selbst prüfen könnt, ob ihr eure Wörter richtig geschrieben habt. Dazu müsst ihr im Anhang nachschlagen, wo ihr alle Lernwörter – nach dem Alphabet geordnet – schnell finden könnt. Schlagt aber erst nach, wenn ihr mit der Aufgabe fertig seid.

Zwei lustige Figuren, der Fuchs und der Dachs, wollen eure Freunde sein und euch die Arbeit mit Witz und lustigen Einfällen erleichtern.

Nun viel Spaß und guten Erfolg bei der Übung
euer Autor

Edmund Wetter

Übung macht den Meister — 3. Schuljahr

Inhalt	Lernziele
1. Kennst du das Alphabet?	Alphabet
2. Wir ordnen Namen nach dem Alphabet	Alphabet
3. Katzentanz	Auslautverhärtung
4. Das Tunwort hat verschiedene Formen	Auslautverhärtung
5. Wiewörter	Auslautverhärtung
6. **g** oder **k** am Wortende	Auslautverhärtung
7. Wie heißt der Mitlaut am Wortende?	Auslautverhärtung
8. **d** oder **t** am Wortende	Auslautverhärtung
9. Hier werden Wiewörter gesucht	Auslautverhärtung
10. Ein Namenwort fehlt	Auslautverhärtung
11. **s** oder **z** am Wortende	Auslautverhärtung
12. Komm geliebte Katze, reich mir deine Tatze!	Auslautverhärtung
13. Wörterliste: Katzentanz	Auslautverhärtung
14. Das Pferd	langes, betontes **i** als **ie**
15. Das Klassentier	langes, betontes **i** als **ie**
16. Tunwörter in verschiedenen Formen	langes, betontes **i** als **ie**
17. Lustige Schlangensätze	langes, betontes **i** als **ie**
18. Wörterliste: Das Pferd	langes, betontes **i** als **ie**
19. Im Zoo	langes, betontes **i** – Ausnahmen
20. Welche Wörter verstecken sich in den Elefanten?	langes, betontes **i** – Ausnahmen
21. Erkennst du diese Wörter?	langes, betontes **i** – Ausnahmen
22. Selbstdiktat	langes, betontes **i** – Ausnahmen
23. Wörterliste: Im Zoo	langes, betontes **i** – Ausnahmen
24. Im Winter	Wörter mit seltener Schreibweise: **aa, ee, oo**
25. Verwandte Wörter gesucht	Wörter mit seltener Schreibweise: **ee**
26. Der Herbst ist ein wilder Geselle	Wörter mit seltener Schreibweise: **aa, oo**
27. Wörterliste: Im Winter	Wörter mit seltener Schreibweise: **aa, ee, oo**
28. Zum Heulen	Wörter mit besonderer Schreibweise: **eu**
29. Wörterbingo mit **Eu**/**eu**-Wörtern	Wörter mit besonderer Schreibweise: **eu**
30. Im Karneval	Wörter mit besonderer Schreibweise: **eu**
31. Namenwörter – Tunwörter – Wiewörter	Wörter mit besonderer Schreibweise: **eu**
32. Karneval	Wörter mit besonderer Schreibweise: **eu**
33. Wörterliste: Zum Heulen	Wörter mit besonderer Schreibweise: **eu**
34. Unsere Nachbarin	Herleitung bei – **äu**
35. Verwandte Wörter mit **au** und **äu**	Herleitung bei – **äu**
36. Wir üben Lernwörter	Herleitung bei – **äu**
37. Wörterliste: Unsere Nachbarin	Herleitung bei – **äu**
38. Schwesterlein und Brüderlein	Herleitung bei – **ä**
39. Wir suchen das verwandte Namenwort	Herleitung bei – **ä**

Kennst du das Alphabet?

Die Buchstaben sind durcheinander geraten. Einige Buchstaben liegen noch in der Tüte. Wenn du sie weißt, trage sie rot in die Lücken ein. Sie ergeben einen Jungennamen.

1. Ordne sie nach dem Alphabet.

Tiernamen gesucht

2. Schreibe zu jedem Anfangsbuchstaben in der Reihenfolge des Alphabets einen Tiernamen auf. Benutze das Wörterbuch oder ein Tierbuch.

A

B

C

D

E

F

G

H

I

J

K

L

M

N

O

P

Qu

R

S

T

U

V

W

X

Y

Z

Wir ordnen Namen nach dem Alphabet

Die Namen der Kinder fangen alle mit dem gleichen Buchstaben an.

1. Ordne sie alphabetisch.

2. Ordne auch diese Namen nach dem Alphabet.
Schreibe die Namen in alphabetischer Ordnung in die Linien.

Anke	Erich
Anja	Emil
Antje	Edmund
Annette	Eberhard
Anita	Egon
Angelika	Eckehard
Gertrud	Heini
Gerda	Heino
Gerlinde	Heinrich
Gerhard	Heiner
Gernot	Heinz

3. Auf welchen Buchstaben musst du bei diesen Namen achten?
Unterstreiche ihn und schreibe seine Ordnungszahl in das Kästchen.

Katzentanz

Einmal ging eine Katze im Wald spazieren. Dort traf sie einen Igel. Der Igel hatte ein fröhliches Gesicht. Er rief der Katze zu: „Komm, wir wollen tanzen!“ Aber die Katze lachte ihn aus und sagte: „Mit dir soll ich tanzen? Du bist mir viel zu stachelig.“ Sie schüttelte kräftig mit ihrem Kopf und machte sich wieder auf den Weg.
Da traf die Katze ein fröhliches Schwein. Das Schwein fragte: „Willst du mit mir tanzen?“ Aber die Katze antwortete: „Mit dir tanze ich nicht. Du bist mir viel zu schmutzig.“ Sie schüttelte kräftig ihren Kopf und lief weiter.
Schließlich wurde es Nacht und die Katze kam an den Waldrand. Der Mond stand leuchtend am Himmel. Da erschien ein großer, starker Kater zwischen den Ästen und Zweigen.
Er fragte die Katze: „...

1. Suche in der Geschichte die Namenwörter zu den Bildern. Schreibe die Wörter unter die Bilder.

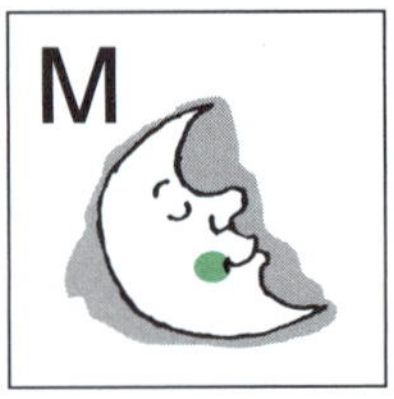

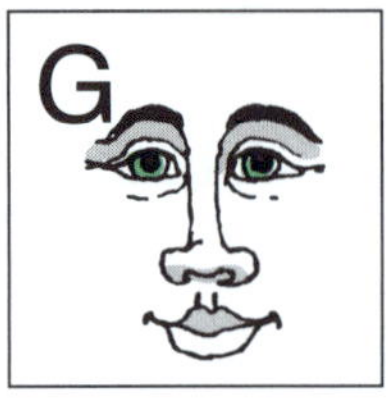

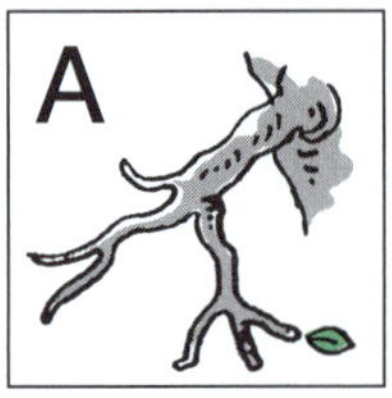

2. Schreibe die Geschichte weiter!

Lernwörter

Katze, Wald, spazieren, traf, fröhlich, Gesicht, rief, lachte, sagte, fragte, stachelig, schüttelte, kräftig, Weg, Kopf, tanzen, antwortete, schmutzig, schließlich, Nacht, Waldrand, Mond, erschien, Ast, Zweig, stand

3. Trage die Lernwörter in die Wörterliste ein. Unterstreiche die Lernwörter im Text oben.

Das Tunwort hat verschiedene Formen

gehen	er kommt	er kam	er ging	er ruft	er steht
er läuft	treffen	er geht	er stand	er trifft	erscheinen
laufen	er rief	er traf	er sagte	er erscheint	rufen
sagen	kommen	er sagt	er lief	stehen	er erschien

1. Immer drei Tunwörter gehören zusammen. Kreise sie mit der gleichen Farbe ein. Sie stehen in verschiedenen Formen. Ordne sie in die Tabelle ein.

Grundform	Gegenwart	Vergangenheit
gehen	er geht	er ging

2. Schreibe die Tunwörter in der Gegenwart und in der Vergangenheit.

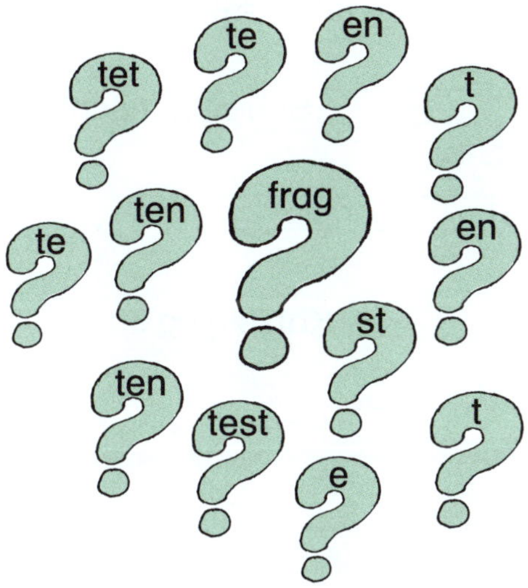

Gegenwart	Vergangenheit
ich	ich
du	du
er	er
wir	wir
ihr	ihr
sie	sie

3. Mache es ebenso mit dem Tunwort „sagen“. (ich sage, du sagst ...)

Wiewörter

1. Hier gehören immer zwei Wiewörter zusammen.
Kreise sie mit der gleichen Farbe ein. Schreibe die Wörter so auf: lang – länger

lang – länger

2. Schreibe mit den Wiewörtern Sätze in dein Heft.
Beispiel: Der Bleistift ist lang. Das Lineal ist länger.

Der Igel ist ______.

Der ______ Igel begegnet der Katze.

Das Schwein ist ______.

Das ______ Schwein möchte mit der Katze tanzen.

Das Gesicht ist ______.

Der Igel hatte ein ______ Gesicht.

Die Katze ist ______.

Die ______ Katze ging im Wald spazieren.

Der Kater ist ______.

Der ______ Kater erscheint am Waldrand.

3. Trage die passenden Wiewörter ein. Schreibe die Sätze in dein Heft.

stark, stachelig, lustig, schmutzig, fröhlich

(g) oder (k) am Wortende

1. Setze (g) oder (k) richtig ein.

1. Vor dem Haus steht eine grüne Ban☐.
2. Das Klavier hat einen guten Klan☐.
3. Das Fest begann mit Tanz und Gesan☐.
4. Im Winter rodeln wir auf dem Abhan☐.
5. Stell bitte das Geschirr in den Schran☐.
6. Vater startet das Auto im ersten Gan☐.

Welcher Buchstabe fehlt?

Mehrzahl	Einzahl	Mehrzahl	Einzahl
die Zwei___e	der Zweig	die Ber___e	
die We___e		die Zü___e	
die Bur___en		die Geschen___e	
die Geträn___e		die Fin___en	
die Bän___e		die Krie___e	
die Schrän___e		die Ta___e	
die Sär___e		die Fabri___en	
die Völ___er		die Rin___e	

2. Setze (g) oder (k) richtig ein.
Schreibe das Wort in der Einzahl daneben. Vergiss den Begleiter nicht.

Wie heißt der Mitlaut am Wortende?

der Tan☐	________	der Klan☐	________
der Fan☐	________	der Gestan☐	________
der Dan☐	________	der Zan☐	________

1. Ergänze (g) oder (k) richtig und schreibe das verwandte Tunwort neben das Namenwort.

Wie heißt der Mitlaut am Wortende?

2. Setze das Tunwort in der richtigen Form ein.

Die Maus ________ (nagen) an der Käserinde.

Der Kaufmann ________ (wiegen) das Obst ab.

Der Sturm ________ (biegen) die Äste.

Der Fußballspieler ________ (hinken) vom Spielfeld.

Der Reisende ________ (winken) zum Abschied.

Der Kutscher ________ (lenken) die Pferde.

Der hochbeladene Heuwagen ________ (schwanken) bei der Fahrt.

Zur Begrüßung ________ (singen) der Chor einen Kanon.

Zwei Wiewörter gehören zusammen

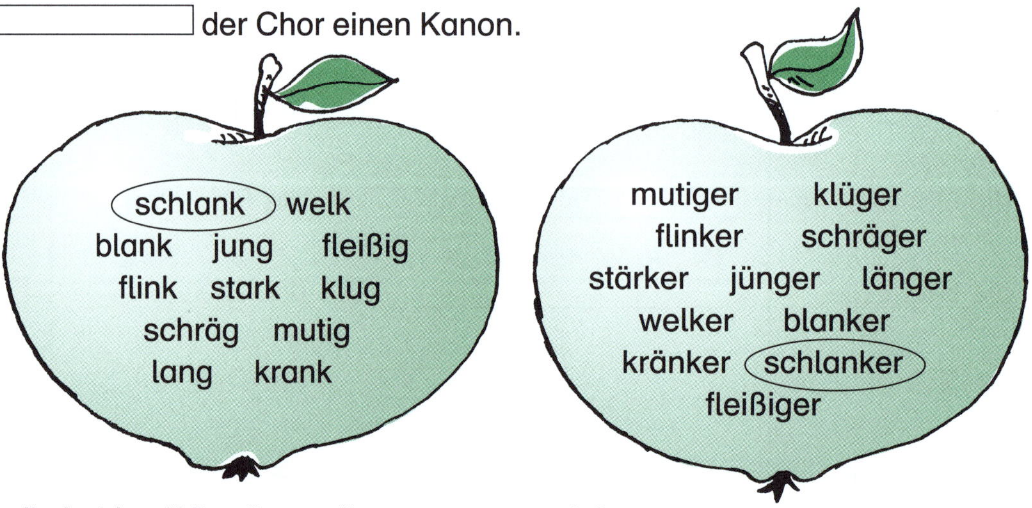

3. Kreise jeweils die beiden Wiewörter, die zusammengehören, mit der gleichen Farbe ein.

4. Zeichne dir eine Tabelle in dein Heft und ordne die Wiewörter in die Tabelle ein.

Beispiel:

Wiewörter mit (k) am Wortende	Wiewörter mit (g) am Wortende
schlank – schlanker	fleißig – fleißiger

d oder t am Wortende

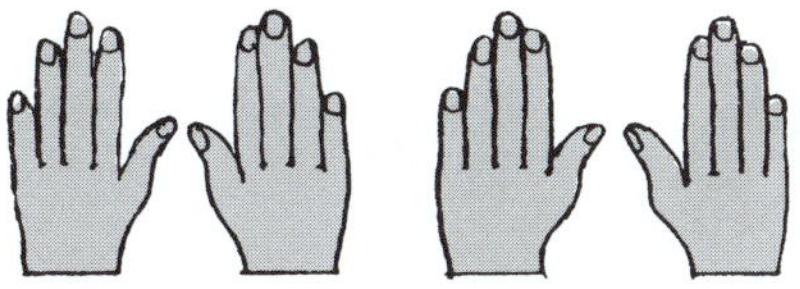

zwei

ein

1. Sprich die Wörter.
Schreibe auf, wie viele Gegenstände du siehst.
Schreibe das Wort auch in der Einzahl auf.

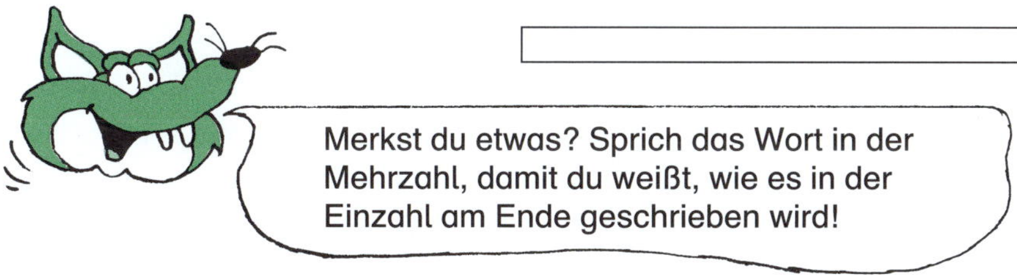

d oder t

Welcher Buchstabe fehlt?

Mehrzahl	Einzahl	Mehrzahl	Einzahl
die Klei__er	das Klei__	die Lie__er	
die Pfer__e		die Geschäf__e	
die Näch__e		die Boo__e	
die Rä__er		die Hef__e	
die Wäl__er		die Hun__e	
die Zel__e		die Buntstif__e	
die Kin__er		die Bee__e	

2. Ergänze d oder t in den Wörtern.
Schreibe dann das Wort in der Einzahl daneben.

Hier werden Wiewörter gesucht

1. Schreibe die Wiewörter und steigere sie. Kreise das (t) rot und das (d) blau ein. Schau im Wörterbuch nach.

breit – breiter

Wie heißt das Gegenteil?

2. Schreibe das Wort in die Kästchen. Die Wörter unten helfen dir.

krank	einfarbig
schmal	eng
bekannt	eckig
leise	hungrig

satt, laut, breit, rund, fremd, bunt, gesund, weit

Ein Namenwort fehlt

1. Ergänze das fehlende Namenwort. Kreise (s) rot und (z) blau ein.

Wer soll das	______	mähen?	Kranz
Wer kann den	______	lindern?	Preis
Wer will mit dem	______	fahren?	Gras
Wer soll den	______	erhalten?	Holz
Wer soll den	______	beginnen?	Schmerz
Wer wird das	______	zerkleinern?	Bus
Wer wird den	______	binden?	Tanz
Wer will ein	______	kaufen?	Los

2. Schreibe auch diese Namenwörter in der Einzahl. Vergiss den Begleiter nicht. Ergänze (s) oder (z) in der Mehrzahl.

Mehrzahl	Einzahl	Mehrzahl	Einzahl
die Pil___e	der ______	die Gän___e	______
die Bewei___e	______	die Her___en	______
die Gewür___e	______	die Glä___er	______
die Krei___e	______	die Tän___e	______
die Ver___e	______	die Höl___er	______
die Schmer___en	______	die Mäu___e	______
die Häl___e	______	die Häu___er	______

(s) oder (z) am Wortende

Die Namenwörter haben verwandte Tunwörter und verwandte Wiewörter.

1. Trage die verwandten Wörter nebeneinander in die Tabelle ein.

Namenwörter	Tunwörter	Wiewörter
der Schmerz	schmerzen	schmerzlich

2. Schreibe die Tunwörter in verschiedenen Formen.
Beispiel: scherzen – ich scherze – er scherzt – wir scherzen

**Komm geliebte Katze,
reich mir deine Tatze!**

Einmal ging eine Katze im Wald spazieren.

Dort begegnete ihr ein fröhliches Schwein.

Im Walde traf sie einen fröhlichen Igel.

Er rief der Katze zu: „Komm, wir wollen tanzen!“

Die Katze aber lachte ihn aus und meinte: „Mit dir tanze ich nicht. Du bist mir viel zu stachelig!“

Die Katze aber lachte laut und rief: „Mit dir tanze ich nicht. Du bist mir viel zu schmutzig!“

Es rief der Katze zu: „Komm, wir wollen tanzen!“

Sie schüttelte kräftig ihren Kopf und machte sich wieder auf den Weg.

Da begegnete ihr ein fröhlicher Hase.

Der Hase rief: „Komm, wir wollen tanzen!“

Schließlich wurde es Abend und die Katze kam an den Waldrand.

Sie tanzten vergnügt die ganze Nacht hindurch.

Zwischen den Zweigen erschien ein großer, starker Kater.

Die Katze aber lachte und antwortete: „Mit dir tanze ich nicht, du hast viel zu lange Ohren!“

Die Katze lächelte glücklich und reichte dem Kater ihre Tatze.

Er verbeugte sich vor der Katze und bat: „Komm, wir wollen tanzen!“

1. Hier kannst du verschiedene Geschichten lesen. Du kannst auch mit einem Partner arbeiten. Jeder Partner liest abwechselnd einen Satz vor. So entsteht eine Geschichte.

2. Schreibe die Geschichte auf.
Du kannst auch hier wieder mit einem Partner arbeiten.

Arbeite so:
- Du suchst den ersten Satz aus und diktierst ihn deinem Partner.
- Ihr schreibt beide den Satz auf.
- Ihr vergleicht den Satz mit der Vorlage und verbessert die Fehler.
- Nun sucht dein Partner den nächsten Satz aus. Er diktiert dir den Satz.
- Ihr schreibt beide den Satz auf und vergleicht ihn anschließend mit der Vorlage.
- So arbeitet ihr abwechselnd weiter.

Wörterliste: Katzentanz

1. Trage hier die Lernwörter ein.	2. Ordne die Wörter aus Spalte 3 richtig zu.	3. Verwandte Wörter, die du in Spalte 2 zuordnen kannst.
		waldig
		trifft
		Gesichtsmaske
		Vollmond
		erscheinen
		Blütenzweig
		sagen
		Stachel
		Kraft
		Waldweg
		Astgabel
		stehen
		Katzentanz
		Tanzschritt
		Schmutz
		Nachthemd
		Spazierstock
		Fröhlichkeit
		rufen
		Kopftuch
		Antwort
		schließen
		lachen
		Frage
		schütteln
		Wegweiser

Das Pferd

Sehr niedlich ist ein Schaukelpferd.
Doch besser ist die Liese.
Ein Schaukelpferd ist gar nichts wert
im Feld und auf der Wiese.

Ein echtes Pferd, wie Liese ist,
vom Bauern gegenüber,
das Kutschen zieht und Hafer frisst,
das ist mir zehnmal lieber.

James Krüss*

1. Lies das Gedicht. Kreise alle Wörter ein, die mit (ie) geschrieben werden.

2. Lerne das Gedicht auswendig und schreibe es ohne Vorlage auf.
Berichtige deine Fehler.

Hier gehören immer zwei Tunwörter zusammen

3. Unterstreiche die zusammengehörenden Tunwörter mit der gleichen Farbe.

		zielt		fliegen		fließen		spielt		
	zieht		fließt		ziehen		liebt		wiegt	
dienen		spielen		dient		liegen		zielen		siegt
	liegt		wiegen		fliegt		lieben		siegen	

4. Schreibe die Wörter so auf: liegt – liegen

liegt – liegen

*Quelle: „Der wohltemperierte Leierkasten"
Verlagsgruppe Bertelsmann GmbH, Jugendbuchverlag, Gütersloh, 1961

Das Klassentier

Wir haben ein lustiges Klassentier.
Es ist ein kleiner gelber Vogel.
Alle Schüler unserer Klasse sorgen für ihn.
Manchmal öffnen wir seinen Käfig und
er darf in der Klasse frei fliegen.
Das macht ihm viel Spaß.
Einmal bekamen wir einen großen Schreck.
Das Fenster war ...

1. Schreibe die Geschichte ab und denke dir aus, wie die Geschichte weitergehen könnte.

Lernwörter

Klasse, Tier, lustig, Vogel, sorgen, manchmal, öffnen, Käfig, fliegen, viel, ihn, Spaß, Schreck, Fenster, Schüler, ihm, gelb, groß

2. Unterstreiche im Text die Lernwörter. Trage sie in die Wörterliste ein.

3. Schreibe die Wörter mit den fehlenden Buchstaben. Du findest sie bei den Lernwörtern.

•••reck öh••nen gro• Fen••er man••mal i•m

Klassent••r gel• sor•en Käfi• Spa• i•n Schü•••

Wiewort und Namenwort

Das Klassentier ist lustig. das lustige Klassentier

Der Schreck ist groß.

Der Vogel ist gelb.

Das Fenster war geöffnet.

4. Schreibe Wiewort und Namenwort wie bei dem Beispiel.

5. Schreibe die Sätze in dein Heft und bilde neue Sätze.
Beispiel: Das Klassentier ist lustig.
Das lustige Klassentier sitzt in einem Vogelkäfig.

Tunwörter in verschiedenen Formen

~~laufen~~, er schweigt, schlafen, rufen, bleiben, fliegen, er rief, er blieb, er schreibt, er stieg, schweigen, er schläft, er schwieg, er ruft, er schlief, reiben, er schrieb, er bläst, ~~er lief~~, er bleibt, er blies, er fliegt, er rieb, er flog, ~~er läuft~~, er steigt, schreiben, blasen, steigen, er reibt

Grundform	Gegenwart	Vergangenheit
laufen	er läuft	er lief

1. Immer drei Tunwörter gehören zusammen. Unterstreiche sie mit verschiedenen Farben. Trage sie in die Tabelle ein.

Rätsel: 2. Trage die fehlenden Buchstaben in den Rätselkasten ein. Die umrandeten Buchstaben ergeben von oben nach unten gelesen das Lösungswort.

Darin kann man sich sehen				i	e			
Lebewesen				i	e			
einer, der stiehlt				i	e			
Tier, das Honig macht				i	e			
hat man bei Grippe				i	e			
Bett für Babys				i	e			
gesungene Wörter				i	e			

Lösungswort:

Lustige Schlangensätze

1. Schreibe die Sätze richtig auf. Ziehe zuerst Trennstriche hinter jedem Wortende. Achte auf die Groß- und Kleinschreibung.
2. Denke dir für die Geschichte einen Schluss aus.

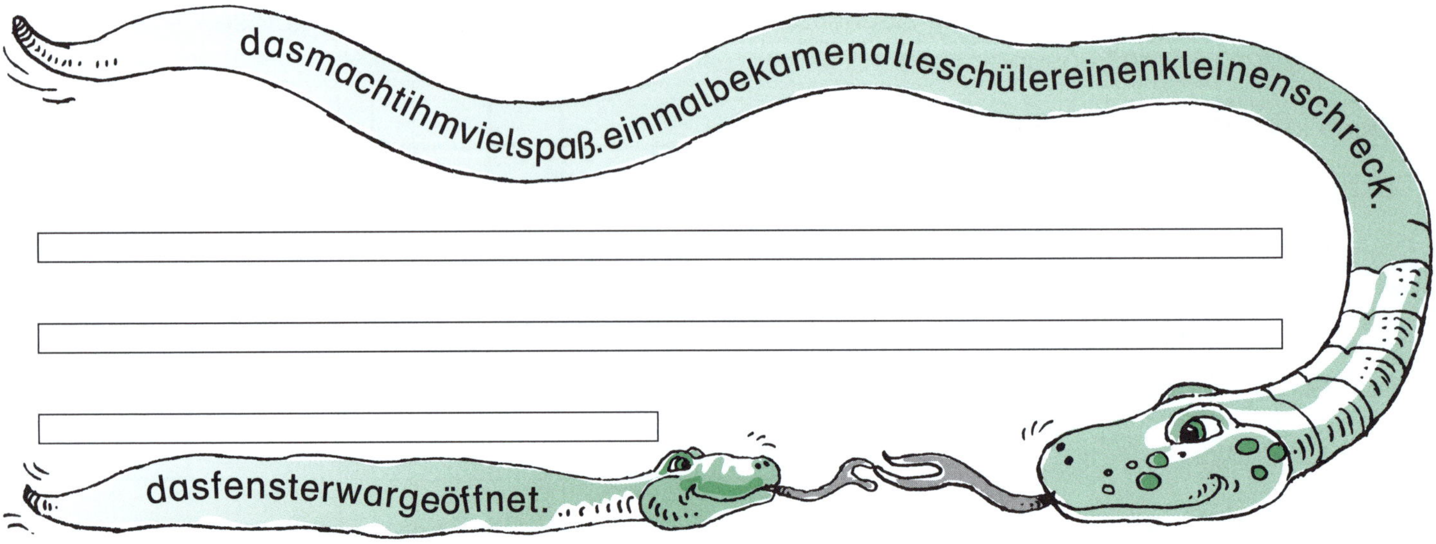

Wörterliste: Das Klassentier

1. Trage hier die Lernwörter ein.	2. Ordne die Wörter aus Spalte 3 richtig zu.	3. Verwandte Wörter, die du in Spalte 2 zuordnen kannst.
		Tierbuch
		Öffnung
		schrecklich
		Lust
		gelblich
		Klassentier
		spaßig
		einmal
		großartig
		Vogelstimme
		Vogelkäfig
		Fensterbank
		Sorge
		Segelflieger
		vielmals
		ihnen
		Schülerlotse
		ihrem

Im Zoo

Gestern machte die Klasse mit ihrer Lehrerin einen Ausflug in den Zoo.
Aufmerksam beobachteten die Schüler, wie der Wärter die Seelöwen fütterte.
Die Kinder staunten über die langen Hälse der Giraffen.
Sie beobachteten, wie geschmeidig sich die Tiger in ihrem Käfig bewegten.
Sie staunten über die große Menge Futter, die ein Elefant täglich frisst.
Den größten Spaß erlebten die Schüler bei den Affen.
Es sah lustig aus, wie die Affen auf den Bäumen spielten und sich auch manchmal zankten.
Zum Schluss vergnügten sich die Kinder noch ein bisschen auf dem Spielplatz.

1. Unterstreiche im Text die Lernwörter. Trage die Lernwörter in die Wörterliste ein.

Lernwörter

gestern, Lehrerin, Ausflug, Hälse, sah, Wärter, Seelöwen, fütterte, Spaß, beobachteten, bewegten, täglich, frisst, vergnügten, Käfig, spielten, zankten, Schluss, aufmerksam, lustig, Spielplatz, Giraffen, Zoo, Tiger, bisschen

2. Ordne die Lernwörter nach dem ABC. Du kannst dir die Aufgabe erleichtern, wenn du jedes Wort auf einen kleinen Zettel schreibst und nun die Zettel alphabetisch ordnest. Einige Wörter haben gleiche Anfangsbuchstaben. Bei diesen Wörtern musst du auf den zweiten oder dritten Buchstaben achten. **Beispiel**: aufmerksam, Ausflug.

Welche Wörter verstecken sich in den Elefanten?

1. Schreibe die Wörter auf, die sich in den Elefanten versteckt haben.

Tunwörter in verschiedenen Formen

sie machte, ~~er beobachtet~~, sie zankte, sie macht, sie staunt, staunen, spielen, sie zankt, ~~beobachten~~, er frisst, füttern, sie füttert, sie spielt, er sieht, fressen, sie spielte, sie staunte, er fraß, zanken, sehen, er sah, sie fütterte, machen, ~~er beobachtete~~

Grundform	Gegenwart	Vergangenheit
beobachten	er beobachtet	er beobachtete

2. Immer drei Tunwörter gehören zusammen. Ordne sie in die Tabelle ein.

Erkennst du diese Wörter?

T I G E R	I G E L	F I B E L	R O S I N E	B I B E L
M A S C H I N E	G A R D I N E	K A N I N C H E N	R U I N E	A PF E L S I N E
M U S I K	K A M I N	M A R G A RINE	M A N D A R I N E	K L M E E N T I N E

1. Schreibe diese Wörter in die Linien.

2. Trage die fehlenden Wörter in die Satzlücken ein. Du findest die Wörter oben in den Wortkarten.

Auf dem Berg steht eine alte ______.

Die Kinder füttern ihre ______.

Im Zoo beobachteten die Kinder, wie sich die ______ bewegten.

Mutter wünscht sich zum Geburtstag eine neue ______ zum Nähen.

Aus dem Radio ertönt leise ______.

In den warmen Ländern im Süden reifen ______,

______ und ______.

Aus dem ______ sprühen Funken und steigt rußender Qualm auf.

Mutter hat heute die ______ gewaschen.

Vater streicht gern ______ und Marmelade auf sein Brötchen.

Selbstdiktat

Im Zoo

Gestern machten die Kinder einen Ausflug.

Die Lehrerin war mit ihrer Klasse im Zoo.

Die Wärter fütterten gerade die Seelöwen.

Die Kinder staunten über die langen Hälse der Giraffen.

Lange beobachteten die Kinder die Tiger in ihrem Käfig.

Die Elefanten fraßen große Mengen Futter.

Bei den Affen hatten die Kinder großen Spaß.

Die Affen waren lustig. Sie spielten und zankten sich.

Zum Schluss vergnügten sich alle Kinder auf dem Spielplatz.

1. Lies den Satz aufmerksam durch.
2. Decke den Satz ab und schreibe ihn auswendig auf.
3. Vergleiche jedes Wort im Satz mit der Vorlage und verbessere deine Fehler.

Wörterliste: Im Zoo

1. Trage hier die Lernwörter ein.	2. Ordne die Wörter aus Spalte 3 richtig zu.	3. Verwandte Wörter, die du in Spalte 2 zuordnen kannst.
		Zootier
		Halstuch
		Tag
		Aufmerksamkeit
		fressen
		Futter
		Lehrer
		Vogelkäfig
		Seelöwenbaby
		Wärterhaus
		Ausflugsfahrt
		Bewegung
		Beobachtung
		Tigerkäfig
		Späße
		Schlusslicht
		vorgestern
		sehen
		Bissen
		Vergnügung
		Lust
		Spiel
		Kinderspielplatz
		Zank
		Netzgiraffe

Im Winter

Nun sind die Beete in den Gärten leer.
An den Sträuchern hängen keine Beeren mehr.
Auf den Saaten der Felder liegt Schnee.
Auch das Moos und die Kräuter in den Wäldern
sind mit einer Schneeschicht bedeckt.
Moore und Seen liegen zugefroren
unter einer dichten Schneedecke.
Alle Boote überwintern im Bootshaus.

Lernwörter Gärten, Sträucher, hängen, liegt, Kräuter, Wälder, bedeckt, zugefroren, überwintern, Felder

1. Schreibe die Lernwörter in die Wörterliste.
2. Unterstreiche im Text oben die Wörter, die mit einem doppelten Selbstlaut geschrieben werden. Schreibe auch diese Wörter in die erste Spalte der Wörterliste.
3. Schreibe die Wörter mit dem doppelten Selbstlaut ab.

ee ______

ee ______

oo ______

aa ______

Wörter, die mit Schnee zusammenwachsen können

4. Schreibe die zusammengesetzten Namenwörter in das Heft.

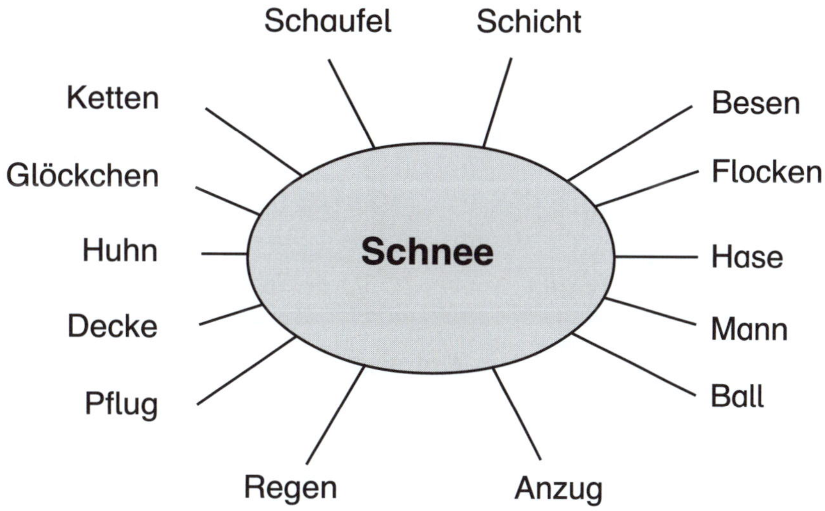

Verwandte Wörter gesucht

1. Erkennst du die Wörter in den Kreisen?
Schreibe sie richtig in die 1. Spalte.

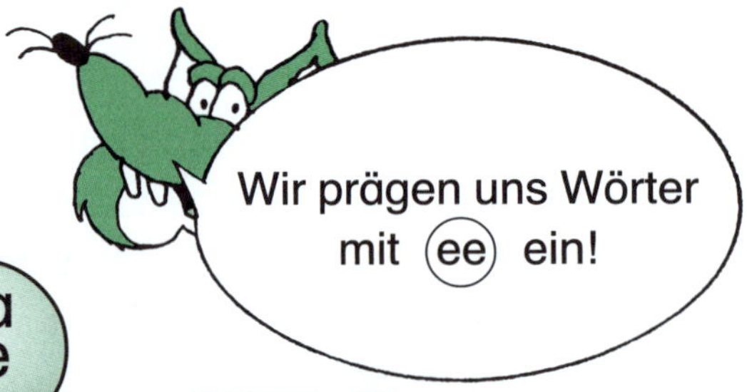

T ee r · ~~Sp ee r~~ · M ee r · B ee t · S ee · Ka ee ff · F ee · K ee l · B ee re · T ee · Sch ee n

Speer	Speerspitze	Speerwurf

2. Wähle das verwandte Namenwort und schreibe es in die 2. Spalte.

Teekanne · Kaffeebohne · Kleeblatt · Teerdecke · Schneemann · Meersalz · Blumenbeet · Seerose · Erdbeere · Waldfee · ~~Speerspitze~~

3. Findest du zu den Wörtern in Spalte 1 noch andere verwandte Wörter?
Dann schreibe sie in die 3. Spalte.

Der Herbst ist ein wilder Geselle

Er reißt ein paar Ziegel vom Dach.

Er zerrt ein paar ____________________

Er fegt ____________________

Er knickt ____________________

Er wirbelt ____________________

Er weht ____________________

Er schüttelt ____________________

Er dreht ____________________

1. Ergänze die Sätze. Die Satzteile im Kasten helfen dir.

Regenschirme um, Papierfetzen durch die Luft, Äpfel von den Bäumen, Blumentöpfe vom Fensterbrett, Hüte vom Kopf, Zweige an den Bäumen, Hemden von der Leine

2. Setze die passenden Wörter ein.

Wir Menschen leben in einem			a	a		
Ausgesäte Samen			a	a		
Ein großer Raum			a	a		
Es wächst auf dem Kopf			a	a		
Zwei zusammengehörige Dinge			a	a		
Gerät, um ein Gewicht zu bestimmen			a	a		
Ein langer, schlangenartiger Fisch			A	a		
Eine verwesende Tierleiche			A	a		

P aa r – S aa t – St aa t – S aa l – Aa s – W aa ge – Aa l – H aa r

3. Wähle die Namenwörter, die du mit Zoo, Moor, Moos oder Boot zusammensetzen kannst. Schreibe die zusammengesetzten Wörter in dein Heft.

Beispiel: Zootiere

Segel – Haus – Tiere – Wärter – Pflanzen – Wasser – Rettungs – Röschen – Boden – Polster – Besucher

Wörterliste: Im Winter

1. Trage hier die Lernwörter ein.	2. Ordne die Wörter aus Spalte 3 richtig zu.	3. Verwandte Wörter, die du in Spalte 2 zuordnen kannst.
		Beet
		Garten
		ausleeren
		Strauch
		bedecken
		aufhängen
		Saat
		Liegestuhl
		zufrieren
		Kraut
		Schneeflocke
		Wald
		Winter
		Moosröschen
		Beere
		Moor
		Feld
		Wolldecke
		Erdschicht
		Boot
		See
		Bootshäuser

Zum Heulen

Wenn ich etwas
zum Heulen finde,
heule ich mich leer.
Kummer schlucken
macht mich wütend
und das Herz mir schwer.

Wenn ich etwas
zum Freuen finde,
freue ich mich satt.
Und ich teile
meine Freude
mit dem, der keine hat.
(Ute Andresen)

in „ABC und alles auf der Welt“,
Otto Maier Verlag, Ravensburg / Seite 73

1. Übermale alle (eu) mit einer blauen Farbe.

2. Lerne das Gedicht auswendig und schreibe es in dein Heft.
Vergleiche, ob du Fehler gemacht hast. Berichtige deine Fehler.

Wörter mit Eu/eu

F			e	r
t			e	r

		l	e
K		l	e
B		l	e

	n		
	H		
	sch		
t	r		

h			l	e	n
			l	e	n

L			t	e
B			t	e
h			t	e

3. Schreibe **Eu / eu** farbig in die Reimwörter.

4. Schreibe die Reimwörter in die Linien.

die Leute, der Freund, die Freundin, neu, heute, die Freude, freuen, teuer, das Feuer, die Scheune, freundlich, neun, euch, euer, die Eule, die Beule, das Heu, die Beute, heulen, treu, scheu, seufzen, keuchen

5. Trage die Wörter, die unterstrichen sind, als Lernwörter in die Wörterliste ein.

Wörterbingo mit Eu / eu-Wörtern

1	**2**	**3**
4	**5**	**6**
7	**8**	**9**

1. Bildet Gruppen mit je 4 bis 5 Kindern.
2. Schreibe in jedes der neun Felder ein Wort mit **Eu / eu**.
Ein Kind ist Spielleiter und liest die Wörter mit Eu / eu (Seite 28) in veränderter Reihenfolge langsam vor. Wenn du Wörter, die vorgelesen werden, auf deinem Blatt stehen hast, kreuze sie an.
Wer zuerst drei Wörter angekreuzt hat, die in einer Reihe oder Spalte stehen, darf „Bingo" sagen. Es wird weitergespielt, bis alle Kinder „Bingo" rufen konnten.

1	**2**	**3**
4	**5**	**6**
7	**8**	**9**

3. Auf zu einem neuen Spiel! Jeder schreibt nun andere Wörter mit Eu / eu in die Felder. Der Spielleiter wird gewechselt.
4. Ihr könnt euch auf ein Blatt Papier neun Felder (wie oben) zeichnen und das Spiel noch öfter wiederholen.

Im Karneval

In diesem Jahr habe ich im Karneval Geburtstag.
Ich freue mich auf das Geburtstagsfest.
Meine Freundinnen und Freunde verkleiden sich.
Hu, da kommt ein Gespenst. Es heult wie eine Eule.
Ich gehe heute als Clown.
Ich trage ein buntes, weites Kostüm mit einem dicken Bauch. Mein Gesicht ist bunt bemalt.
Wir neun Kinder laufen in unserer lustigen Verkleidung auf die Straße. Viele Leute erkennen uns gar nicht. Sie winken uns freundlich zu und lachen über unsere tollen Kostüme.

1. Übermale im Text oben alle Wörter, die mit **eu** (**Eu**) geschrieben werden.

Lernwörter

das Jahr, der Karneval, der Geburtstag, verkleiden, er kommt, das Gespenst, der Clown, das Kostüm, das Gesicht, die Verkleidung, die Straße, der Bauch

2. Trage die Lernwörter in die Wörterliste ein. Unterstreiche die Lernwörter im Text.

Geheimschrift

3. Schreibe die Wörter darunter. Du findest sie bei den Lernwörtern (Seite 33).

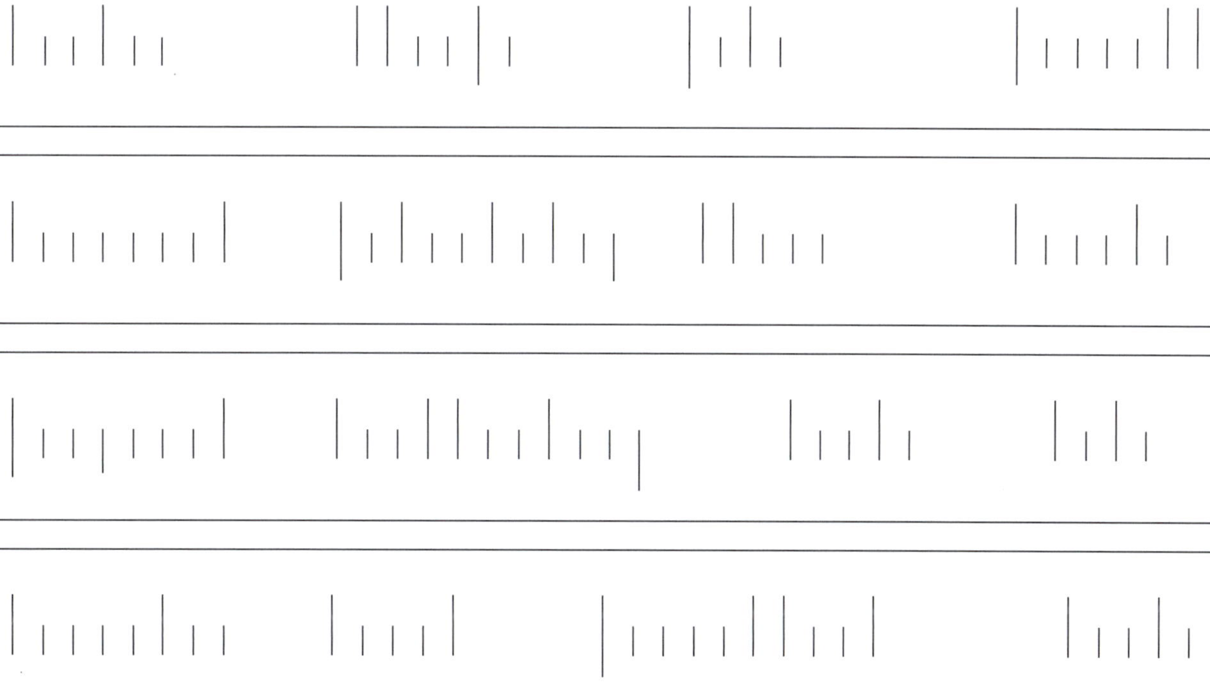

Namenwörter – Tunwörter – Wiewörter

Karneval · bunt · verkleiden · Eule · Freund
Leute · gehen · kommen · satt · heulen
Geburtstag · freuen · tragen · weit · Gespenst
erkennen · treu · Clown · teuer · Kostüm · winken
lustig · Gesicht · dick · Straße · lachen
leer · freundlich · laufen · toll

Namenwörter	Tunwörter	Wiewörter
der		
die		
der		
die		
der		
das		
der		
das		
das		
die		

1. Ordne die Wörter in die Tabelle ein.

Karneval

Indiesemjahrhabeichimkarnevalgeburtstag.
Ichfreuemichaufdasgeburtstagsfest.
Meinefreundinnenundfreundeverkleidensich.
Hu, dakommtplötzlicheingespenstumdieecke.
Esheultwieeineeule.
Ichgeheheutealsclown.
Ichtrageeinbuntes,weiteskostümmiteinemdickenbauch.
Meingesichtistbuntbemalt.
Wirneunkinderlaufeninunsererlustigenverkleidungaufdiestraße.
Vieleleuteerkennenunsgarnicht.
Siewinkenunsfreundlichzuundlachenüberunseretollenkostüme.

1. Schreibe die Bandwurmsätze richtig auf. Kennzeichne zuerst die Wortgrenzen.

2. Lass dir von einem Partner den Text diktieren. Vergleiche und berichtige deine Fehler. Diktiere dann deinem Partner den Text.

Wörterliste: Zum Heulen, Im Karneval

1. Trage hier die Lernwörter ein.	2. Ordne die Wörter aus Spalte 3 richtig zu.	3. Verwandte Wörter, die du in Spalte 2 zuordnen kannst.
		Eulennest
		er heult
		Vorfreude
		erfreuen
		Eiterbeule
		Neuigkeit
		Schulfreund
		Kartoffelfeuer
		Freundlichkeit
		Dorfleute
		teurer
		neunzig
		der heutige Abend
		Brieffreundin
		Bauchnabel
		Jahreszeit
		Autostraße
		Geburtstagskind
		Kleidung
		Karnevalskostüm
		Gesichtsmaske
		kommen
		er verkleidet sich
		Nachtgespenst
		Clowngesicht
		Karnevalsfeier

Unsere Nachbarin

Wir haben eine nette Nachbarin.
Die alte Frau wohnt in einem hübschen Häuschen nebenan.
Wenn ich sie besuche, muss ich immer mehrmals läuten.
Sie ist nämlich schwerhörig. Die alte Frau ist auch fast blind.
Sie kann die blühenden Bäume und Sträucher vor ihrem Fenster nicht mehr erkennen.
Darum erzähle ich ihr, was ich draußen beobachte.

1. Schreibe den Text ab und unterstreiche alle Wörter mit dem Zwielaut (äu).
2. Schreibe die Wörter mit (äu) nebeneinander und leite sie von einem Wort mit (au) ab. Das Wort mit (au) schreibe unter das Wort mit (äu).

Lernwörter

die Nachbarin, nett, fast, wohnt, hübsch, nebenan, mehrmals, läuten, nämlich, schwerhörig, blind, die Sträucher, das Fenster, erzähle, draußen, beobachte, erkennen, alt

3. Unterstreiche die Lernwörter im Text oben. Trage sie dann in die Wörterliste ein.

Verkleinerungsform

4. Die Namenwörter findest du in der Wörterliste auf Seite 37.
Füge (-chen) oder (-lein) hinzu. Schreibe die Wörter so: die Taube – das Täubchen.

Verwandte Wörter mit (au) und (äu)

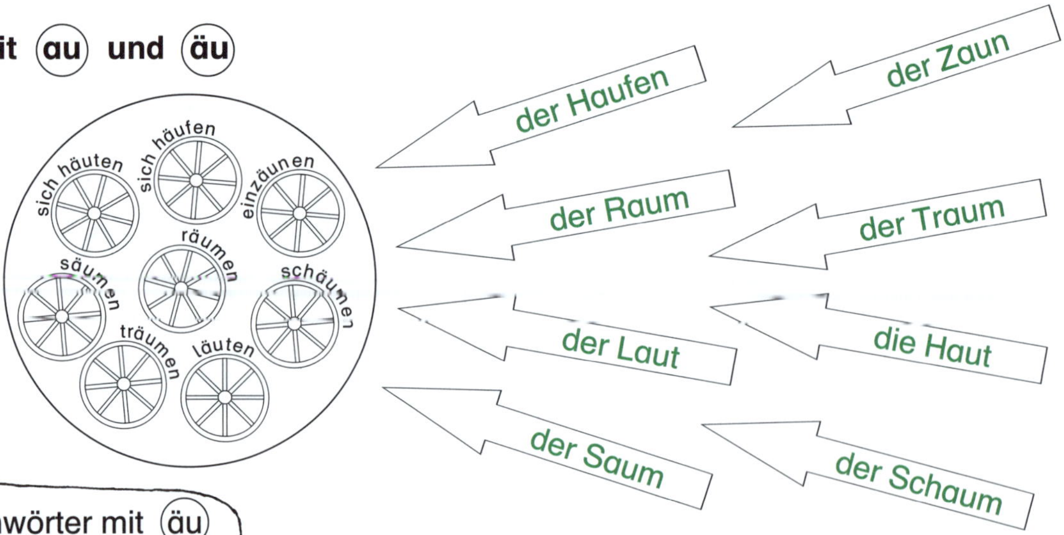

Zu jedem dieser Tunwörter mit (äu) gehört ein passendes Namenwort mit (au).

Jeder Pfeil soll das Rad mit dem verwandten Tunwort treffen.

1. Schreibe die Tunwörter untereinander und ordne ihnen das verwandte Namenwort zu.

sich häufen – der Haufen

2. Schreibe die Tunwörter in den passenden Satz.

Die Glocken ______ vom Kirchturm. Die Schlange ______ sich.

Mutter ______ von einer weiten Reise. Die Unfälle ______ sich.

Die Seife ______ stark, wenn das Wasser nicht so kalkhaltig ist.

Die Zuschauer ______ die Straßen, um den Festzug zu sehen.

Vater will den Garten ______.

Die Kugel ______ alle neun Kegel weg.

3. Wie heißen die Wörter in der Einzahl und in der Mehrzahl?
Schreibe so: der Zaun – die Zäune

der Zaun, die Faust, der Traum, die Taube,
die Mauer, das Kraut, der Schlauch, der Raum,
die Haut, der Gaul, der Saum, der Baum

Aufgepasst!
Zwei Wörter werden auch in der Mehrzahl mit (au) geschrieben.

Wir üben Lernwörter

L	N	D	N	E	T	T	E	N	I
A	A	L	T	E	S	W	E	F	N
C	C	C	T	I	R	O	F	F	E
I	H	Ü	B	S	C	H	U	E	R
E	B	L	I	N	D	N	E	N	K
F	A	S	T	I	I	T	U	S	E
F	R	A	U	U	U	M	M	T	N
O	I	L	L	L	Ä	U	T	E	N
T	N	Ä	M	L	I	C	H	R	E
M	E	H	R	M	A	L	S	I	N

1. In dem Buchstabengitter verstecken sich 13 Lernwörter. Schreibe sie auf.
Übermale die Buchstaben, die ein Wort ergeben, in dem Buchstabengitter.

2. Du kannst mit diesen Wörtern die folgenden Sätze ergänzen. Ein Wort brauchst du nicht.
Du findest auch im Text auf Seite 34 Hilfe.

Wir haben eine ________ ________________.

Sie ________________ nebenan in einem ________________ Häuschen.

Sie ist ________ ________ und schwerhörig.

Deshalb muss ich immer ________________ ________________, wenn ich sie besuche.

Die ________ ________________ kann die Bäume und Sträucher vor ihrem ________________

nicht mehr ________________.

Darum erzähle ich ihr, was ich draußen beobachte.

3. **Partnerdiktat**: Diktiert euch abwechselnd die Sätze.
Kontrolliert genau eure Schreibergebnisse.

Wörterliste: Unsere Nachbarin

1. Trage hier die Lernwörter ein.	2. Ordne die Wörter aus Spalte 3 richtig zu.	3. Verwandte Wörter, die du in Spalte 2 zuordnen kannst.
		Fäustchen
		Häuschen
		Bäumchen
		Häuflein
		Kräutlein
		Fräulein
		Räupchen
		Mäuschen
		Nachbar
		älter
		netter
		er erkennt
		er beobachtet
		er erzählt
		ich wohne
		sie läutet
		Strauch
		Fensterbrett
der Haufen		mehrere
das Kraut		Nebenhaus
die Faust		Blindenschrift
die Maus		Hörgerät
die Frau		fast voll
das Haus		noch hübscher
der Baum		Name
die Raupe		außen

Schwesterlein und Brüderlein

Jan hat eine kleine Schwester.
Sie will gerne größer sein als ihr Bruder.
Jan sagt zu ihr: „Du bist das schönste Schwesterlein
auf der ganzen Welt. Du hast hübsche Äuglein und
süße Öhrchen. Am Kinn hast du ein niedliches Grübchen.
Kein Mädchen hat ein Mündchen,
ein Näschen und Zöpfchen wie du.“
Da ist seine Schwester glücklich und hüpft fröhlich
durch das Gärtchen.

1. In der Geschichte stehen Namenwörter mit den Nachsilben (-chen) und (-lein).
   Unterstreiche sie.
   Schreibe sie so auf: Schwesterlein – Schwester, …
   Aufgepasst! Ein Namenwort kannst du nicht verändern.

Die Nachsilben -chen und -lein machen alle Dinge klein

2. Die Namenwörter für die Bilder findest du in der Wörterliste auf Seite 41.
   Schreibe (-chen) oder (-lein) hinzu. Schreibe so: die Hand – das Händchen

Lernwörter

der Bruder, die Schwester, größer, die Welt, hübsch, Äuglein, süß, das Kinn, das Öhrchen, das Grübchen, das Mädchen, das Mündchen, niedlich, das Zöpfchen, glücklich, hüpft, fröhlich, das Gärtchen, schön

3. Unterstreiche die Lernwörter im Text. Trage sie in die Wörterliste ein.

Wir suchen das verwandte Namenwort

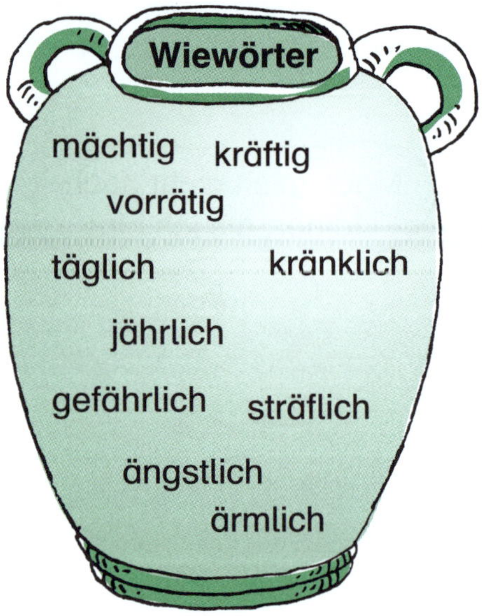

1. Jeweils ein Wiewort und ein Namenwort gehören zusammen.
Schreibe so:
mächtig – die Macht
kräftig – die Kraft

Hier stehen Tunwörter in verschiedenen Formen

~~fallen~~, er schläft, er rät, fahren, ~~er fällt~~, fangen, raten, er fährt, er schlägt, ~~er fiel~~, er riet, er wusch, er fuhr, waschen, er wäscht, schlafen, er schlief, laufen, er lief, er fängt, er schlug, er trägt, er fing, er hielt, halten, er hält, schlagen, tragen, er trug, er läuft

2. Immer drei Tunwörter gehören zusammen. Ordne sie in die Tabelle ein. Schreibe so:

Grundform	Gegenwart	Vergangenheit
fallen	er fällt	er fiel

Wiewörter werden gesteigert

warm, alt, kalt, arm, stark, schwach, lang, scharf

3. Schreibe so: warm – wärmer – am wärmsten, stark – ...

Wir ordnen nach dem ABC

1. Ordne jeweils fünf Wörter nach dem ABC, indem du sie nummerierst. Schreibe also zuerst die Nummern in die Kreise. Schreibe nun die Wörter, nach dem ABC geordnet, in die Linien.

◯ Bruder	1	◯ Auge	1
◯ Schwester	2	◯ Grube	2
◯ Welt	3	◯ Mädchen	3
◯ Kinn	4	◯ Mund	4
◯ Ohr	5	◯ Zopf	5
◯ glücklich	1	◯ hüpft	1
◯ größer	2	◯ sagt	2
◯ süß	3	◯ Garten	3
◯ hübsch	4	◯ schön	4
◯ fröhlich	5	◯ niedlich	5

Hier fehlen alle Wiewörter

2. Schreibe die passenden Wörter in die Sätze.

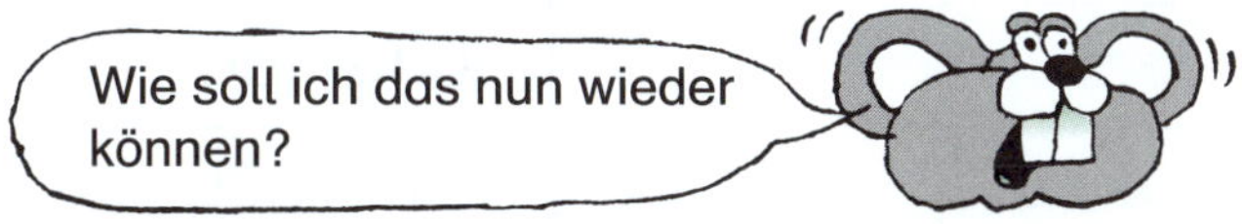

Jan hat eine ______ Schwester. Sie will gern ______ sein.

Jan sagt zu ihr: „Du bist das ______ Schwesterlein auf der ______ Welt.

Du hast ______ Äuglein und ______ Öhrchen.

Am Kinn hast du ein ______ Grübchen.

Kein Mädchen hat ein Mündchen, ein Näschen und Zöpfchen wie du."

Da ist seine Schwester ______ und hüpft ______ durch das Gärtchen.

3. **Partnerdiktat:** Diktiert euch abwechselnd die Sätze und kontrolliert eure Schreibarbeit.

Wörterliste: Schwesterlein und Brüderlein

1. Trage hier die Lernwörter ein.	2. Ordne die Wörter aus Spalte 3 richtig zu.	3. Verwandte Wörter, die du in Spalte 2 zuordnen kannst.
die Hand		Brüderlein
das Glas		Schwesterlein
der Hahn		Kräutergarten
der Ball		groß
der Apfel		Weltkugel
das Blatt		Fröhlichkeit
die Fahne		Hüpfball
die Flasche		Glück
		hübscher
		Auge
		Süßigkeit
		Zopf
		Mund
		Kinnhaken
		Ohr
		Baugrube
		niedlicher
		Zimmermädchen
		Schönheit
		Fußball
		Wetterhahn
		Wasserglas
		Handschuh
		Blattlaus
		Fahnenstange
		Flaschenhals
		Äpfelchen

In der Stadtbücherei

Gestern war Sabine mit ihrer Klasse in der Stadtbücherei.
„So viele Bücher kann man doch gar nicht zählen", meinte sie.
Die Lehrerin führte die Kinder zuerst nach oben
in die Kinderbücherei.
Wie sollte man hier nur ein Buch finden?
Zuerst durften alle Kinder ein Buch suchen.
Schnell entdeckte Sabine einige Bücher von Astrid Lindgren.
Sie wählte ihr Lieblingsbuch aus.
Es erzählt von einem rothaarigen Mädchen mit
unglaublichen Kräften.

Lernwörter

Stadtbücherei, Kräfte, zählen, rothaarig, schnell, wählte aus, unglaublich, entdeckte, so viele, führte, Lieblingsbuch, Lehrerin, Kinderbücherei, erzählt, finden, die Klasse

1. Unterstreiche die Lernwörter in der Geschichte und schreibe sie in die erste Spalte der Wörterliste.

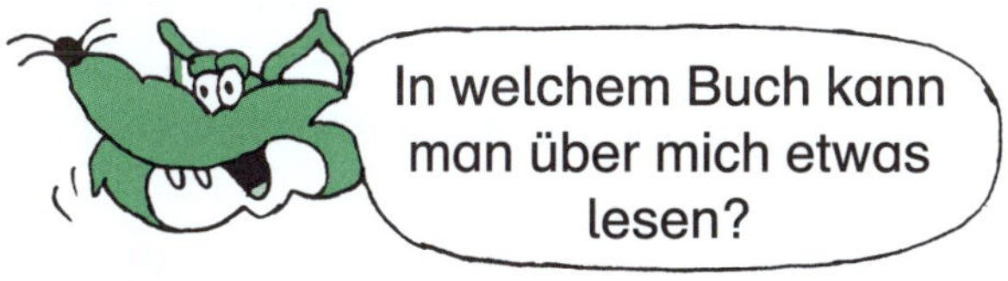

Verschiedene Bucharten

☐ ☐ ☐ ☐ ☐ ☐

2. Ordne die folgenden Wörter den Buchtiteln zu. Nummeriere sie: ☐ Märchenbuch, ☐ Kinderbuch, ☐ Liederbuch, ☐ Sachbuch, ☐ Malbuch, ☐ Wörterbuch.

3. Setze die Wörter in die Satzlücken ein.

In einem ________ wird ein Märchen erzählt.

In einem ________ kannst du nachsehen, wie ein Wort geschrieben wird.

Kleine Kinder bemalen gerne die Bilder in einem ________.

Im Musikunterricht gebraucht ihr häufig ein ________.

Ein Buch mit dem Titel „Raketen und Raumschiffe" ist ein ________.

Bücher, die für Kinder geschrieben werden, sind ________.

4. Schreibe die Sätze in dein Heft.

ah – äh

die Fahrt: die ______ten – f______en

die Wahl: w______en – der ______er

die Zahl: z______en – der ______er

die Erzählung: der ______er – ______en

der Kahn: die ______e

der Zahn: die ______e

die Fahne: das ______chen

die Bahn: das ______chen

1. Schreibe die fehlenden Wortteile in die Wortlücken.

uh – üh

Die Lehrerin ______ die Kinder nach oben.

Die ______ scharren im Sand. Es ist noch viel zu ______.

Klaus wippte und der ______ fiel um.

Meine ______ zeigt immer die richtige Zeit an.

Das Auto ______ zu schnell.

Den Brei musst du gut ______.

2. Setze die folgenden Wörter richtig ein.

rühren, fuhr, Hühner, Stuhl, Uhr, führte, früh

Wörter wachsen mit „Buch“ oder „Bücher“ zusammen

Lese		Handlung
Sach		Wurm
Schul	Buch	Schrank
Bilder		Seite
Geschichten	Bücher	Regal
Rechen		Hülle
Mal		Stützen

3. Schreibe die Wörter in die Linien.

______

______

______

______

Otto, der Bücherwurm

Otto ist der gefräßigste ____________ in der ____________.

Gerade hat er es sich in einem dicken, alten ____________ bequem gemacht.

Wählerisch sucht er sich eine ____________ mit besonders vielen fetten

____________ aus.

Da nimmt jemand das Buch aus dem ____________ und schlägt es auf.

Otto stehen vor Schreck die ____________ zu Berge.

1. Setze die folgenden Wörter richtig in die kleine Geschichte ein.

Wörterbuch, Haare, Bücherwurm, Buchstaben, Bücherregal, Buchseite, Stadtbücherei

2. Trenne die Wörter durch Striche und schreibe sie auf.

____

____

____

Wortrahmen

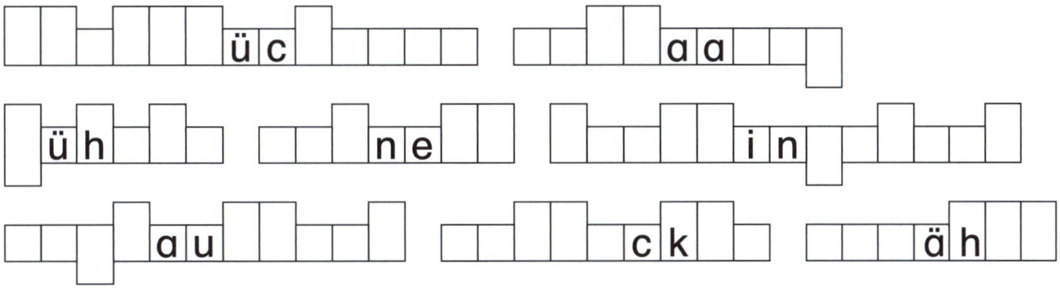

3. Findest du die Wörter? Sie gehören zu den Lernwörtern.
Schreibe sie in die Wortrahmen.

Wörterliste: In der Stadtbücherei

1. Trage hier die Lernwörter ein.	2. Ordne die Wörter aus Spalte 3 richtig zu.	3. Verwandte Wörter, die du in Spalte 2 zuordnen kannst.
		kräftig
		Entdeckung
		Erzählung
		Aufführung
		glauben
		Lieblingstier
		Kinderbuch
		wie viele
		schneller
		lehren
		rote Haare
		auswählen
		Zahl
		städtische Bücherei
		Erfindung
		Klassensprecher

Sportstunde

„Bald beginnt die Sportstunde“, denkt Lorenz.
Da hört er die Lehrerin sagen:
„Packt bitte eure Hefte und Mäppchen ein, nehmt euer Turnzeug mit und stellt euch auf!“ Schnell sind alle Kinder umgezogen und versammeln sich in der Turnhalle. Heute wollen sie eine Hindernisbahn aufbauen. Vier Kinder legen die Matten aus. Kästen mit Sprungbrettern und Bänke werden aufgestellt.
Die Lehrerin lässt Schaukeln und Ringe herunter.
Mit Bällen muss man Körbe treffen.
Nun ist alles vorbereitet. Es kann losgehen.

Lernwörter

Sportstunde, vorbereitet, Turnhalle, versammeln, treffen, Hindernisbahn, Matten, Sprungbretter, beginnt, Mäppchen, Turnzeug, nehmt, Lehrerin, packt, denkt

1. Unterstreiche die Lernwörter in der Geschichte und schreibe sie in die erste Spalte der Wörterliste.

Sportgeräte

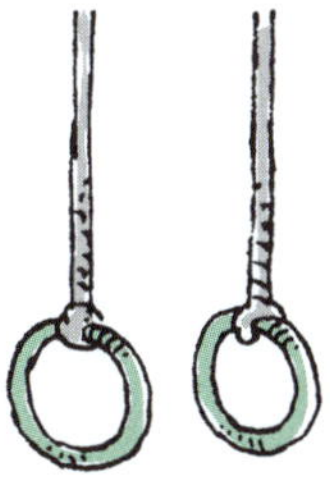

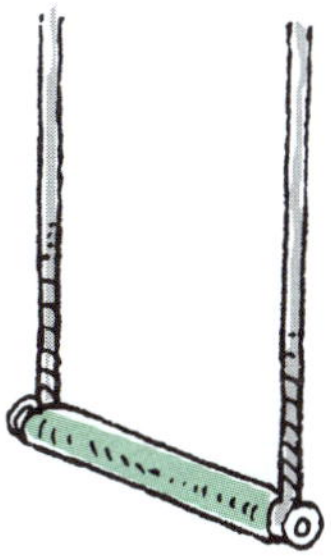

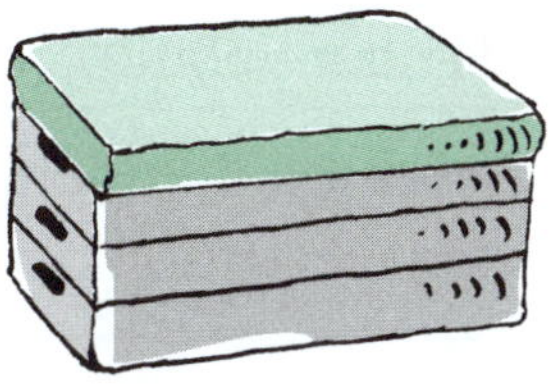

2. Schreibe an jedes Sportgerät den Namen.

Wortrahmen

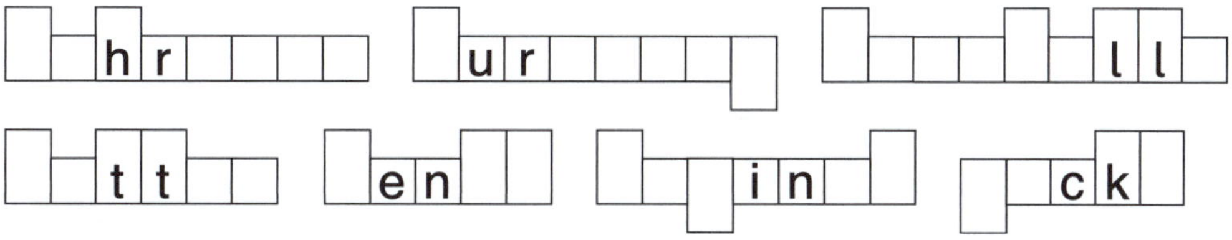

3. Suche die Lernwörter, die in die Wortrahmen passen. Ergänze die Buchstaben in den Wortrahmen.

Wortfamilie „springen“

springen: er _____t, sie ist ge_____en, ab_____,

auf_____, über_____

weitspringen: der _____sprung, der _____er

hochspringen: der _____sprung, der _____er

abspringen: der _____sprung

aufspringen: der _____sprung.

1. Schreibe die fehlenden Wörter und Wortteile in die Linien.

Ein Unfall in der Sportstunde

Die Sportstunde hat gerade _____. Laura ist in der Mitte der _____. Sie _____ auf den Kasten. Beim _____ tritt sie mit dem Fuß auf die Kante der _____ und knickt um. Sie _____ zu Boden und schreit laut auf.

2. Setze die folgenden Wörter in die Geschichte ein.

   Hindernisbahn, Aufsprung, fällt, begonnen, Matte, springt

3. Schreibe den Schluss der Geschichte. So könnte die Geschichte weitergehen. Aber pass auf, denn die Sätze sind durcheinander geraten.

   Der Unfallwagen kommt und bringt Laura zum Arzt. Schnell rennt die Lehrerin herbei. Alle Kinder versammeln sich um Laura. Sie sagt: „Dein Fuß schwillt an. Wir müssen den Unfallwagen rufen.“

_____

_____

_____

_____

_____

4. Schreibe die ganze Geschichte in dein Heft.

Wörter mit doppeltem Mitlaut

1. Suche die Wörter mit doppeltem Mitlaut aus den beiden Geschichten heraus und schreibe sie auf. Suche noch Wörter dazu. Benutze dein Wörterbuch.

mm: ______________________

____

nn: ______________________

____

ll: ______________________

____

tt: ______________________

____

pp: ______________________

ff: ______________________

ss: ______________________

____

Reimwörter

das Brett	die Matte	rennen	die Grippe	der Wille
n	h	br	die L	die Br
f	die R	n	die W	die Gr
das B	die W	tr	die R	die R

der Schlummer	der Stamm	die Stelle
der K	der Schl	die K
die N	der Schw	die W
der H	der K	die Sch

2. Schreibe die Reimwörter in dein Heft.

Wörterliste: Sportstunde

1. Trage hier die Lernwörter ein.	2. Ordne die Wörter aus Spalte 3 richtig zu.	3. Verwandte Wörter, die du in Spalte 2 zuordnen kannst.
		getroffen
		Gedanke
		Musikstunde
		Versammlung
		Vorbereitung
		Pausenhalle
		Hindernisrennen
		Mattenwagen
		Päckchen
		Mappe
		Sprungfeder
		er nahm
		begonnen
		Spielzeug
		Lehrer

Klaus ist mein Freund

Klaus und ich gehen in die dritte Klasse.
Schon seit vielen Jahren sind wir gute Freunde.
Begonnen hat unsere Freundschaft im Kindergarten.
In der Bauecke spielte ich am liebsten mit Klaus.
Jeder hielt dem anderen einen Platz frei, wenn er zu spät kam.
Als wir eingeschult wurden, war unser einziger Wunsch
in die gleiche Klasse zu kommen.
Nun sitzen wir schon seit mehr als zwei Jahren nebeneinander.
Streit gibt es zwischen uns selten.

Lernwörter Freundschaft, einziger, zwischen, eingeschult, Streit, dritte, begonnen, Platz, am liebsten, nebeneinander, spielte, mehr, gibt, sitzen, hielt, Klasse, Freund, Jahr, spät

1. Unterstreiche die Lernwörter in der Geschichte und schreibe sie in die erste Spalte der Wörterliste.

Wortrahmen

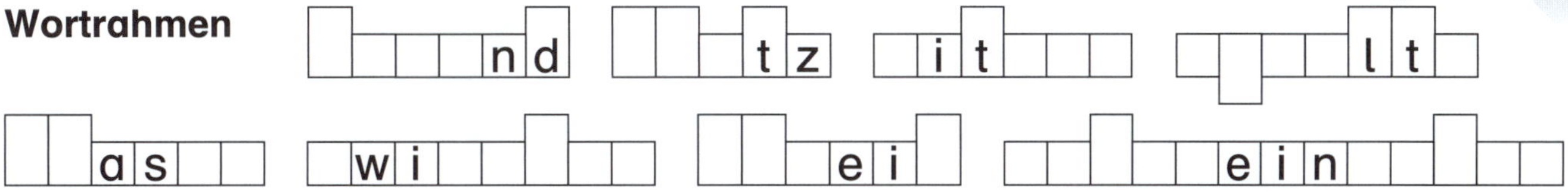

2. Welche Lernwörter passen in die Wortrahmen? Ergänze die fehlenden Buchstaben in den Wortrahmen.

Freund – freund

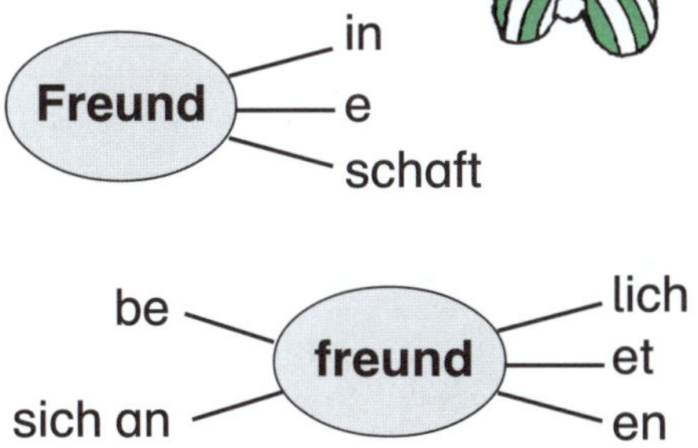

3. Bilde Wörter mit Freund (freund) und schreibe sie in die Linien.

4. Trage die Wörter von oben richtig ein. Schreibe nun die Sätze in dein Heft.

Klaus und ich sind schon seit vielen Jahren ________. Unsere ________ besteht, seit wir uns im Kindergarten kennen lernten. Anne vertraut ihrer ________. Unsere Lehrerin ist meistens ________ zu uns. In der Pause kann man sich mit anderen Kindern ________.

Wörter mit tz

atz	itz	etz	ütz
Pl___	s___en	s___en	sch___en
Sch___	schw___en	h___en	M___e
S___	fl___en	N___	Pf___e
K___e	H___e	F___en	Gr___e
Gl___e	W___	verl___en	St___e
Fr___e	R___e	p___en	

1. Schreibe die fehlenden Buchstaben in die Wörter.

2. Schreibe die Wörter in dein Heft. Du findest sicher noch mehr Wörter mit **tz**. Suche im Wörterbuch.

Wörter mit Zw – zw: Ein Zungenbrecher

Zwischen zwei Zwetschenzweigen zwitschern zwei Schwalben.

3. Kreise Zw (zw) ein. Lerne den Zungenbrecher auswendig. Schreibe ihn auswendig auf.

____

____

4. Suche im Wörterbuch weitere Wörter mit Zw (zw). Schreibe die Wörter in dein Heft.

Wörterschlange

5. Schreibe die Wörter, die die Wörterschlange verschlungen hat, in die Linien.

____

____

Str (str) am Wortanfang

Namenwörter					**Tunwörter**
der ______		eit		afen	______
die ______	**Str**	afe	**str**	eiten	______
die ______		aße		eicheln	______
der ______		umpf		icken	______

1. Bilde Wörter, die mit Str (str) beginnen. Schreibe sie in die Linien.
Achte auf die Namenwörter. Sie werden großgeschrieben.

Findest du versteckte Namenwörter? Sie gehören zu den Lernwörtern.

VMFRAEUSND	F______	(6)	NMOEHTR	m______	(4)
SPRLAISTZ	P______	(5)	HVIEPLT	h______	(5)
KGOINBT	g______	(4)	KSOITWZEN	S______	(6)
WSOPBÄVT	S______	(4)	STPIERLTE	S______	(7)

2. Schau dir die Lernwörter an und suche die Buchstaben, die ein Lernwort ergeben.
Schreibe die Wörter in die Linien. Die Zahlen in den Klammern geben die Anzahl der Buchstaben an, aus denen das Wort besteht.

Das Fußballspiel

Klaus und ich ______ gern Fußball. Auf einem freien ______ neben unserem Haus spielen wir mit anderen ______ aus unserer ______. Am ______ aber kicken wir auf dem ______ mit den richtigen Toren. Es ist toll, wenn der Ball im ______ zappelt.

3. Schreibe die Geschichte ab und setze die folgenden Wörter richtig ein.

Freunden, liebsten, Netz, Fußballplatz, spielen, Platz, Klasse

4. Schreibe die Geschichte in der Vergangenheitsform in dein Heft.
Beginne so: Klaus und ich spielten gern …

Tunwörter verändern sich

5. Schreibe folgende Tunwörter wie das Beispiel zeigt. Zeichne dir eine Tabelle.

sitzen, schwitzen, sich schützen, sich verletzen, flitzen, schätzen, petzen, sich hetzen, spitzen, sich setzen

ich-Form	du-Form	sie-Form	wir-Form
ich setze mich	du setzt dich	sie setzt sich	wir setzen uns

Wörterliste: Klaus ist mein Freund

1. Trage hier die Lernwörter ein.	2. Ordne die Wörter aus Spalte 3 richtig zu.	3. Verwandte Wörter, die du in Spalte 2 zuordnen kannst.
		streiten
		geben
		freundlich
		einzig
		einschulen
		lieber
		saß
		halten
		drittens
		beginnen
		nacheinander
		mehrere
		Plätze
		spielen
		zwischendurch
		Klassenfahrt
		Freundin
		Jahreszeit
		später

Einkaufen

Es ist Samstag. Heute haben alle frei.
Nach dem Frühstück fahren David und seine Eltern in die Stadt.
Das Auto stellen sie am Stadtrand in ein Parkhaus.
Von dort fahren sie mit der Straßenbahn weiter.
Zuerst gehen sie in ein Kaufhaus und David bekommt eine neue Jacke. Vater sucht in der Sportabteilung nach einem Rucksack für die Bergwanderung im Sommer.
Mutter meint: „Eine neue Jeans könnte ich auch gebrauchen."
„Wer soll das alles bezahlen?", ruft Vater.

Lernwörter

Frühstück, Eltern, bezahlen, heute, Parkhaus, Bergwanderung, Stadt, Straßenbahn, fahren, Sportabteilung, Samstag, Rucksack, Jeans, Jacke

1. Unterstreiche die Lernwörter in der Geschichte und schreibe sie in die erste Spalte der Wörterliste. Schreibe die Wörter mit (ck) farbig.

Wochentage

Sonn
Sams
Diens
tag
Mon
Donners
Frei

2. Schreibe die Wochentage in die Linien.

Der fehlende Wochentag heißt ______.

Der ______ ist ein Feiertag. Am ______ beginnt die Schule wieder.

Der dritte Tag der Woche ist der ______. Der ______ teilt die Woche.

Der fünfte Tag der Woche ist der ______. Am ______ freuen sich schon viele auf das Wochenende. Am ______ ist schon wieder schulfrei.

3. Schreibe die fehlenden Wochentage in die Satzlücken.

Wortrahmen

_am___   ____tü_   _____en   __ad   _ck_

_uc____   ____rn   ___en   ____ße____

4. Schreibe die Lernwörter, die in die Wortrahmen passen, in die Kästchen.

Wortfamilie: fahren ➡ fahr – Fahr – fähr

Vater ___t zur Arbeit.	
Der Bus___er bringt uns zur Schule.	der
Eine ___t mit dem Auto kostet Benzin.	eine
David kommt mit dem ___rad zur Schule.	das
An der nächsten Aus___t	die
___en wir von der Autobahn ab.	
Es ist ge___lich die stark	
be___ene Straße zu überqueren.	

1. Trage den Wortstamm richtig in die Wortlücken ein.
2. Schreibe die Wörter, die du ergänzt hast, in die Linien.

Wortfamilie: kaufen ➡ kauf – Kauf – Käuf

ein		___	der Ein___	der Ein___er
ver	**kaufen**	___	die Ver___erin	der Ver___
ab		___	der ___laden	der ___mann
an		___	der An___	das ___haus

3. Bilde Wörter mit der Grundform oder dem Wortstamm und schreibe sie in die Linien.

David und Ute spielen mit dem ___.

Ute ist die ___. David ___ bei ihr ein.

Sie ___ ihm Obst und Gemüse. David ist mit seinem ___ zufrieden.

4. Hier passen die Wörter von Aufgabe 3 hinein. Trage sie in die Satzlücken ein.

Tunwörter verändern sich

5. Schreibe folgende Tunwörter wie das Beispiel zeigt. Zeichne dir eine Tabelle.

wecken, necken, backen, knacken, nicken, sticken, schicken, zwicken, drucken, spucken, locken, rücken, verunglücken, verstecken, schlucken

ich-Form	du-Form	sie-Form	wir-Form
ich wecke	du weckst	sie weckt	wir wecken

Wörter mit mm

omm	amm	imm	umm
k___en	der K___	die St___e	der K___er
bek___en	der Schw___	___er	die H___el
ausk___en	der St___	das Z___er	der B___el
nachk___en	der H___er	schw___en	der Schl___er
vorbeik___en	die K___er	der H___el	die N___er
der S___er	das L___	der Sch___el	der Br___er

1. Schreibe den Wortstamm in die Wortlücken.

2. Schreibe dann die Wörter in dein Heft.

Aufgepasst!

Wörter mit ck

ück	ack	ock	eck
das Frühst___	der Rucks___	der R___	der Fl___
b___en	kn___en	der St___	die D___e
das Gl___	b___en	der B___	der W___er
die M___e	h___en	der Sch___	der D___el
r___wärts	fl___ern	die S___en	der Sp___
die L___e	der N___en	die L___en	die H___e
die Br___e	der L___	der H___er	der St___er
der R___en	der S___	l___er	n___en

Merke

3. Schreibe den Wortstamm in die Wortlücken.

4. Schreibe dann die Wörter in dein Heft.

Wörterliste: Einkaufen

1. Trage hier die Lernwörter ein.	2. Ordne die Wörter aus Spalte 3 richtig zu.	3. Verwandte Wörter, die du in Spalte 2 zuordnen kannst.
		Stückchen
		wandern
		Jäckchen
		Zahl
		samstags
		Fahrer
		parken
		am Rande der Stadt
		Eisenbahn
		heute Morgen
		Elternpaar
		Jeansjacke
		Kartoffelsack
		Sportkleidung

Pizza backen für das Schulfest

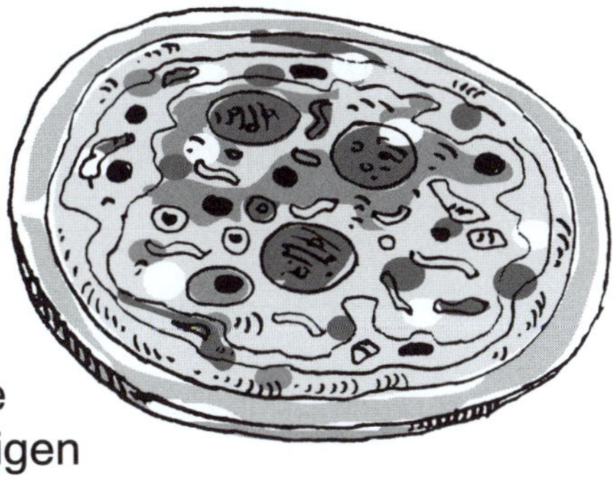

Heute findet das Schulfest in der Anne-Frank-Schule statt. Die Klasse 3b hat einen Stand im Mehrzweckraum aufgebaut. Dort steht nämlich ein Herd. Über dem Stand hängt ein Schild: „Unsere Pizza ofenfrisch gehört auf jeden Tisch.“ Einige Kinder kneten den Teig aus Mehl, Wasser, Hefe und Salz. Wenn der Teig aufgegangen ist, wird er von anderen Kindern auf einem Backblech ausgerollt. Drei Kinder verteilen Tomaten, Käse und andere leckere Sachen darüber. Die Lehrerin schiebt die fertigen Bleche in den Backofen. Nach 20 Minuten kommt knackige, lecker duftende Pizza heraus. Angelockt durch den Duft drängen sich zahlreiche Kinder und Eltern am Pizzastand.

Lernwörter

nämlich, zahlreiche, Mehrzweckraum, steht, ofenfrisch, Teig, knackige, angelockt, findet statt, Stand, Mehl, verteilen, schiebt, Herd, Backblech, duftende, lecker, Pizza, backen, hängt

1. Unterstreiche die Lernwörter in der Geschichte und schreibe sie in die erste Spalte der Wörterliste.

Wortfamilie „backen“

über	bäck	en
		er
	back	en
ge		erei
	Bäck	t
		Ofen
Ge	Back	Blech

______

der ______

______

die ______

er ______

der ______

das ______

das ______

2. Bilde Wörter mit dem Wortstamm back (bäck) und schreibe die Wörter in die Linien. Die Wörter gehören zur Wortfamilie „backen“.

Wortrahmen

_ _ _ g t   _ _ h l _ _ _ _ _   _ _ _ g   _ _ z z _

_ _ _ _ e i l _ _   _ _ c k _ _   _ _ m l _ _ _   _ n a _ _ _

3. Findest du die Wörter, die in die Wortrahmen passen? Sie gehören zu den Lernwörtern. Schreibe die fehlenden Buchstaben in die Rahmen.

Wie ist die Pizza?

In den folgenden Silben verstecken sich Wiewörter. Sie beschreiben, wie eine Pizza sein kann.

kna, wür, saf, ofen, herz, hauch, le, dünn, cker, schmack, zig, haft, tig, ckig, frisch, haft

1. Schreibe die Wiewörter in die Linien.
2. Trage einige der Wiewörter in die folgenden Sätze ein.

Pizza ______ und frisch gehört auf jeden Tisch. Pizza schmeckt am besten ______. Der Teig für die Pizza muss ______ ausgerollt werden. Pizza mit Tomaten, Käse und Salami schmeckt ______ und ______.

Wörter mit ck

ack	eck	ock	uck
der L	die Schn e	anl en	der R sack
b en	l er	h en	g en
kn en	der W er	tr en	schl en
h en	die H e	b ig	die Sp e
der N en	n en	der St	dr en

3. Ergänze in den Wörtern den Wortstamm.
4. Schreibe dann die Wörter ab.

ack	eck	ock	uck

Pizzarezept

Kugel formen, mit Messer überkreuz einschneiden, zudecken, aufgehen lassen ○	
Pizza, Backofen, 250 Grad, 25 Minuten, schieben, backen ○	
Mehl, Salz, Wasser, Hefe, mischen, Backbrett ○	
Tomaten und Mozzarellakäse in Scheiben auf Teig verteilen, geriebener Käse, Basilikum, Salz, Pfeffer, würzen ○	
Teig kneten, glatt, geschmeidig ○	
Teig dünn ausrollen, Backblech mit Öl bestreichen, Teig auf Backblech verteilen ○	

1. Ordne durch Nummerieren die Wörter den Bildern zu.
   Schreibe die passenden Wörter neben das zugehörige Bild.

Du kannst nach diesem Rezept eine Pizza backen. Sie heißt Pizza Margherita. Wenn du willst, kannst du auch noch Salami hinzufügen.

2. Versuche das Rezept aufzuschreiben. So kannst du beginnen: Zuerst mische ich 500 g Mehl mit einem halben Teelöffel Salz, 20 g Hefe und etwas Wasser. Dann …
3. Wortfamilie „backen“: Schreibe möglichst viele Wörter zur Worfamilie „backen“. Schau im Wörterbuch nach. Auch auf Seite 58 findest du Hilfe.

Was du beim Pizzabacken tust

ich	er
Ich mische Mehl, Salz, Hefe und Wasser.	Er mischt Mehl, Salz, Hefe und Wasser.
Ich knete den Teig.	
Ich forme eine Kugel.	
Ich schneide die Tomaten und den Käse.	
Ich rolle den Teig aus.	
Ich verteile den Käse und die Tomaten auf dem Teig.	
Ich würze mit Salz und Pfeffer.	
Ich schiebe das Backblech in den Ofen.	

1. Schreibe die Sätze in der Er-Form.

Zusammengesetzte Wiewörter

Eine Pizza ist ____________, wenn sie **frisch** aus dem **Ofen** kommt. Der Teig ist ____________, wenn er **dünn** wie ein **Hauch** ausgerollt ist. Die Banane ist ____________, wenn sie **grün** wie **Gras** aussieht. Das Wasser ist ____________, wenn es sich **kalt** wie **Eis** anfühlt. Der Radfahrer ist ____________, wenn er **schnell** wie der **Blitz** fährt.

2. Schreibe das zusammengesetzte Wiewort in die Satzlücke.

Ofenfrischepizza

Angelocktdurchdieleckerduftendeofenfrischepizzadrängen
sichamstandder3bzahlreichekinderundeltern.
Nochimmerwirdfleißiggebacken.
Diekinderknetendenteigausmehlwasserhefeundsalz.
Andererollenihnausundverteilenleckeresachendarauf.
Klausruftlaut,dassdiepizzaofenfrischaufjedentischgehört.

3. Schreibe den Text richtig in dein Heft.

Wörterliste: Pizza backen für das Schulfest

1. Trage hier die Lernwörter ein.	2. Ordne die Wörter aus Spalte 3 richtig zu.	3. Verwandte Wörter, die du in Spalte 2 zuordnen kannst.
		stehen
		backfrisch
		knacken
		Zahl
		anlocken
		Stände
		Backfett
		Mehrzweckmesser
		Hefeteig
		Bäcker
		hängen
		stattfinden
		Schieber
		Duft
		Elektroherd
		lecken
		Pizzaofen
		Name
		Roggenmehl
		er verteilt

Lernwörter – geordnet nach dem Alphabet – Übe jeweils 5 Wörter

A / a

- alt
  - älter
- angelockt
  - anlocken
  - lockt an
- antwortet
  - antworten
  - antwortete
- Apfel, der
  - Äpfel, die
- Ast, der
  - Äste, die
- aufmerksam
  - aufmerksamer
  - aufmerken
- Auge, das
  - Augen, die
  - Äuglein, das
- Ausflug, der
  - Ausflüge, die
- außen

B / b

- Backblech, das
  - Backbleche, die
- backen
  - backt
  - backte
  - gebacken
- Ball, der
  - Bälle, die
- Bauch, der
  - Bäuche, die
- Baum, der
  - Bäume, die
- bedeckt
  - bedecken
- Beere, die
  - Beeren, die
- beginnt
  - beginnen
  - begann
  - hat begonnen
- beobachtete
  - beobachten
  - beobachteten
  - beobachtet
- Bergwanderung, die
  - Bergwanderungen, die
- Beule, die
  - Beulen, die
- bewegten
  - bewegen
  - bewegt
- bezahlen
  - bezahlt
  - bezahlten
- Blatt, das
  - Blätter, die
- blind
- Blinde, der
  - Blinden, die
- Biss, der
  - Bisse, die
- bisschen
- Boot, das
  - Boote, die
- Bootshaus, das
- Bruder, der
  - Brüder, die
  - Brüderlein, das

C / c

- Christ, der
  - Christen, die
- Clown, der
  - Clowns, die

D / d

- denkt
  - denken
  - gedacht
- draußen
- dritte
  - drei
- duftende
  - duften
  - duftet
  - geduftet

E / e

- eingeschult
  - einschulen
- einkaufen
  - er kauft ein
  - eingekauft
- einziger
- Eltern, die
- entdeckte
  - entdecken
  - entdeckt
- erkennen
  - erkennt
  - erkannte
- erschien
  - erscheinen
  - erscheint
- erzähle
  - erzählen
  - erzählt
  - erzählte
- Eule, die
  - Eulen, die

F / f

- Fahne, die
  - Fahnen, die
- fahren
  - fährt
  - gefahren
- fassen
  - fasst
  - gefasst
- fast (fertig)
- Faust, die
  - Fäuste, die
- Feld, das
  - Felder, die
- Fenster, das
  - Fenster, die
- Feuer, das
  - Feuer, die
- finden
  - findet
  - gefunden
  - fand
- findet statt
  - stattfinden
  - stattgefunden
- Flasche, die
  - Flaschen, die
- fliegen
  - fliegt
  - geflogen
- fragte
  - fragen
  - gefragt
- Frau, die
  - Frauen, die
- Freude, die
  - Freuden, die
- freuen
  - freut (sich)
  - gefreut
- Freund, der
  - Freunde, die
- Freundin, die
  - Freundinnen, die
- freundlich
- Freundschaft, die
  - Freundschaften, die
- frisst
  - fressen, fraß,
  - gefressen
- fröhlich
  - froh
- Frühstück, das
- führte
  - führen
  - führt
  - geführt
- fütterte
  - füttern
  - füttert
  - gefüttert

G / g

- Gärtchen, das
  - Garten, der
  - Gärten, die
- Geburtstag, der
  - Geburtstage, die
- gelb
- Gesicht, das
  - Gesichter, die
- Gespenst, das
  - Gespenster, die
- gestern
  - gestern Abend
- gibt
  - geben
  - gobt (mir)
- Giraffe, die
  - Giraffen, die
- Glas, das
  - Gläser, die
- glücklich
  - Glück, das
- groß
  - größer
- Grübchen, das
  - Grube, die

H / h

- Haar, das
  - Haare, die
- Hahn, der
  - Hähne, die
- Hand, die
  - Hände, die
- Hals, der
  - Hälse, die
- hängen
  - hängt
  - gehängt
- Haufen, der
  - Haufen, die
- Haus, das
  - Häuser, die
- Herd, der
  - Herde, die
- heulen
  - heult
  - geheult
  - heulte
- Hindernisbahn, die
  - Hindernisbahnen, die
- hübsch
  - hübscher
- hüpft
  - hüpfen
  - gehüpft

I / i

- ihm
- ihn
  - ihnen
- ihren
  - ihrem
- im
- in

J / j

- Jacke, die
  - Jacken, die

Jahr, das
Jahre, die
Jeans, die

K / k

Käfig, der
Käfige, die
Karneval, der
Katze, die
Katzen, die
Katzentanz, der
Katzentänze, die
Kinderbuch, das
Kinderbücher, die
Klasse, die
Klassen, die
knackige
knacken
knackt
geknackt
kommt
kommen
gekommen
Kopf, der
Köpfe, die
Kostüm, das
Kostüme, die
Kraft, die
Kräfte, die
kräftig
Kraut, das
Kräuter, die

L / l

lachte
lachen
lachten
gelacht
lassen
lass
ließ
läuten
läutet
geläutet
leckere
lecker
leer
Lehrerin, die
Lehrerinnen, die
Leute, die
lieb
am liebsten
Lieblingsbuch, das
Lieblingsbücher, die
lief
laufen
läuft
gelaufen
liegt
liegen
lag
gelegen
lustig
Lust, die

M / m

Mädchen, das
Mädchen, die
manchmal
Mäppchen, das
Mappe, die
Matte, die
Matten, die
Maus, die
Mäuse, die
Mehl, das
mehr
mehrmals
Mehrzweckraum, der
Mond, der
Monde, die
Moor, das
Moore, die
Moos, das
Moose, die
Mündchen, das
Mund, der
Münder, die

N / n

Nachbarin, die
Nachbar, der
Nachbarn, die
Nacht, die
Nächte, die
nämlich
nebenan
nebeneinander
nehmt
nehmen
nahm
genommen
nett
neu
niedlich

O / o

ofenfrisch
öffnen
öffnet
geöffnet
Öhrchen, das
Ohr, das
Ohren, die

P / p

packt
packen
gepackt
Parkhaus, das
Parkhäuser, die
Pferd, das
Pferde, die
Pizza, die, Pizzas, die
Pizzeria, die
Platz, der
Plätze, die
platzen
platzt
platzieren

R / r

Raupe, die
Raupen, die
rief
rufen
ruft
gerufen
rot
rothaarig
Rucksack, der
Rucksäcke, die

S / s

Saat, die
Saaten, die
sagte
sagen
sagt
gesagt
sah
sehen
seht
gesehen
Samstag, der
Samstage, die
schiebt
schieben
schob
geschoben
schließlich
Schluss, der
Schlüsse, die
schmutzig
Schmutz, der
Schnee, der
Schneedecke, die
Schneedecken, die
Schneeschicht, die
Schneeschichten, die
schnell
schneller
schön
schöner
Schreck, der
Schrecken, die
Schüler, der
Schüler, die
Schülerin, die
Schülerinnen, die
schüttelte
schütteln
schüttelt
geschüttelt
schwerhörig
hören
Schwester, die
Schwestern, die
Schwesterlein, das
Seelöwe, der
Seelöwen, die
See, der
Seen, die
sitzen
sitzt
saß
gesessen
sorgen
sorgt
gesorgt
Spaß, der
Späße, die
später
spazieren
spazieren gehen
spaziert
Spielplatz, der
Spielplätze, die
spielten
spielen
spielte
gespielt
Sportabteilung, die
Sportabteilungen, die
Sportstunde, die
Sportstunden, die
sprechen
spricht
sprach
gesprochen
Sprungbrett, das
Sprungbretter, die
stachelig
Stachel, der
Stacheln, die
Stadt, die
Städte, die
Stadtrand, der
Stadtbücherei, die
stand
stehen
steht
gestanden
Stand, der
Stände, die
Straße, die
Straßen, die
Straßenbahn, die
Straßenbahnen, die
Strauch, der
Sträucher, die
Streit, der
süß
süßer

T / t

täglich

Tag, der
  Tage, die
tanzen
  tanzt
  tanzten
  getanzt
Teig, der
teuer
  teurer
Tier, das
  Tiere, die
Tiger, der
  Tiger, die
traf
  treffen
  trifft
  getroffen
Turnhalle, die
  Turnhallen, die
Turnzeug, das

U / u

überwintern
  Winter, der
unglaublich
  Glaube, der

V / v

vergnügten
  vergnügen
  vergnügt
verkleiden
  verkleidet
  verkleideten
Verkleidung, die
  Verkleidungen, die
versammelt
  versammeln
  versammelten
verteilen
  verteilt
  verteilten
viel
  so viele
Vogel, der
  Vögel, die
vorbereitet
  vorbereiten
  bereitet vor

W / w

wählte aus
  auswählen
Wald, der
  Wälder, die
Waldrand, der
  Waldränder, die
Wärter, der
  Wärter, die
weg
Weg, der
  Wege, die
weit
  weiter
Winter, der
wohnt
  wohnen
  wohnte
  gewohnt

Z / z

zählen
  zählt
  zählte
  gezählt
zahlreiche

Wörter, die ich mir merken will